로직아이 샘

4단계 초록

펴내는 글 & 일러두기

로직 있는 아이를 위하여…

독서는 감동입니다. 감동은 집중력을 높여 줍니다. 어렸을 때 감동하면서 책을 읽은 아이들이 다른 일도 잘합니다.

독서는 핵심입니다. 핵심을 파악해야 발전합니다. 모든 사건에는 핵심이 있고 모든 일은 핵심을 중심으로 전개됩니다. 독서는 전체의 흐름과 핵심 파악에 도움을 줍니다.

독서는 꿈입니다. 독서는 꿈의 실현이 아니라 꿈을 꾸게 하는 다리입니다. 꿈을 꾸는 사람만이 꿈을 이룰 수 있습니다.

독서는 미래이고 희망입니다. 병들기 전에 병을 치료하는 일이 좋은 일이듯, 문제가 발생하지 않도록 하는 일이 중요합니다. 독서는 병들기 전에 치료하는 최고의 보약입니다.

〈로직아이〉는 모든 선생님과 학부모 그리고 대한민국 모든 아이들이 건강하고 행복하기를 기원합니다.

집필자들을 대신하여
(주) 로직아이 리딩교육원 원장 박우현

교재의 특징

▶ 이 교재는 오직 독서지도만을 위한 교재입니다. 그러나 이 교재의 사용은 자연스럽게 글쓰기 논술 실력도 늘게 합니다.
▶ 이 책에는 해당 책을 이용한 PSAT(공직 적격성 평가: 행정 고시, 기술 고시 1차 시험)와 LEET(사법 고시를 대신하는 법학 전문 대학원 입학시험 문제) 형식의 문제가 수록되어 있습니다. 아이들에게 대입 수능 시험 형식이나 고급 공무원 시험 형식에 대해 친근한 느낌을 갖게 할 것입니다.

교재 사용 방법

1. 이 교재를 사용하기 위해서는 반드시 가르치는 사람과 아이들은 해당 책을 읽어야 합니다. 그 후에 교재 속의 문제들을 풀게 되면 그것만으로도 그 책을 다시 한 번 읽는 셈이 됩니다.
2. 단계별로 구성되어 있기는 하지만 아이들의 성향이나 독서능력에 따라 자유롭게 활용해도 무방합니다.
3. 각각의 교재는 6권의 책으로 구성되어 있지만, 그 순서는 교사나 학부모가 정할 수 있습니다. 아이들의 취향이나 선생님의 지도방법에 따라 선택 지도할 수 있습니다.

〈감사의 말씀〉 이 교재 속에 수록된 텍스트와 이미지 사용을 허락해 준 모든 출판사에 감사드립니다.

목 차

수상한 호랑이 빵집
4쪽

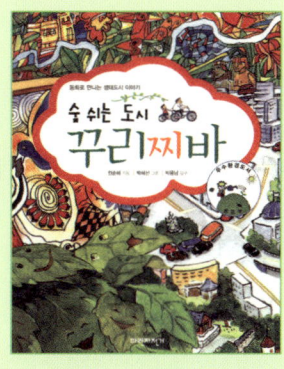
숨 쉬는 도시 꾸리찌바
14쪽

지렁이가 흙 똥을 누었어
24쪽

별 사이다 한병
34쪽

날마다 만 원이 생긴다면
44쪽

양파의 왕따 일기 1
54쪽

수상한 호랑이 빵집

서지원 글 | 홍그림 그림 | 지학사 아르볼

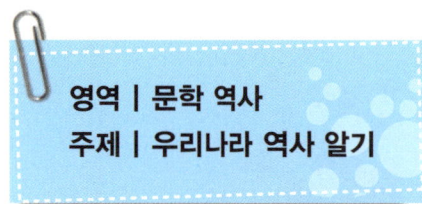

영역 | 문학 역사
주제 | 우리나라 역사 알기

1. 우리나라 역사의 배경지식을 얻을 수 있다.
2. 사건 보고서를 쓸 수 있다.
3. 옛이야기를 떠올리게 하는 신기한 상황과 흥미로운 이야기를 통해 추리력과 상상력을 높일 수 있다.

줄거리

이상하고 신비한 신단 마을에는 사람으로 둔갑한 동물들이 살고 있다. 호랑이 빵집을 찾은 동이는 호 셰프가 만든 단군왕검 빵, 석가탑 빵, 신단 마늘 사탕을 보고 신기해한다. 그런데 언젠가부터 마을 사람들은 만났다 하면 서로 싸워대기 시작한다. 동이는 한의원 직원인 미호가 주는 화남 쑥 차 때문에 마을 사람들끼리 다툼이 일어난다는 사실을 알게 된다. 호 셰프와 람이, 동이는 미호가 옛날이야기 속에 나오는 여우 누이임을 알아내고 사람의 간을 빼먹는 여우 누이를 잡기로 한다.

도서선정이유

역사는 어렵고 외울 것이 많다고 생각해서 싫어하는 친구들이 많다. 이 책에는 할머니가 들려주는 옛날이야기처럼 역사 지식을 곁들인 추리 소설 같은 이야기가 담겨 있다. 등장인물들이 신단 쑥 위조 사건을 해결해 가는 과정을 통해 '단군 신화'와 '아사달과 아사녀 전설' 등 우리나라의 역사와 신화를 즐겁게 배우는 시간이 될 수 있다.

1 다음 단어들을 읽고 맞춤법에 맞는 단어는 O 표시하고, 맞춤법에 맞지 않는 단어는 X 표시한 후 바르게 고쳐 보세요.

	O / X	맞춤법에 맞게 고쳐 봅시다.		O / X	맞춤법에 맞게 고쳐 봅시다.
① 왠일			⑤ 잎파리		
② 생떼			⑥ 산봉오리		
③ 금새(바로)			⑦ 절래절래		
④ 초콜렛			⑧ 수상쩍다		

2 다음 뜻에 해당하는 어휘를 찾아 가로 세로 문제를 풀어 보세요.

세로

㉮ 산이나 숲에 난 폭이 좁은 호젓한 길

㉯ 눈치를 보거나 부끄러움을 느끼지 않고 보란듯이 뻔뻔히

㉰ '싸울 때마다 다 이김'을 뜻하는 고사성어

㉱ 매우 사랑하고 소중히 여기는 모양

㉲ 인간 세계를 떠나 자연과 벗하며 산다는 상상의 사람

㉳ 사실이 아닌 일로 이름을 더럽히는 억울한 평판

㉴ 고조선을 세워 약 2천 년 동안 나라를 다스린 인물

가로

㉠ 한집안에 딸린 식구

㉡ 천으로 발 모양과 비슷하게 만들어 양말처럼 발에 신는 물건

㉢ 남자가 여자 형제를 이르는 말

㉣ 선전하거나 광고하는 글이 적힌 종이

㉤ 열 손가락을 서로 엇갈리게 바짝 맞추어 잡은 상태

㉥ 말을 타는 곳

㉦ 박혁거세가 기원전 57년에 지금의 경주를 중심으로 세운 나라

1 신단 마을에 낯선 사람이 세 명이나 나타납니다. 세 명은 누구누구인가요? (12쪽)

2 동이가 언덕에서 본 나무의 이름은 무엇인가요? (28쪽)

3 동이가 신단수로부터 얻은 신통한 능력은 무엇인가요? (46쪽)

4 마을 사람들이 화가 나 풀쩍거릴 때마다 어떤 일이 벌어지나요? (52쪽)

5 한의원 직원 미호가 주는 쑥차에는 무엇이 들어있나요? (63쪽)

책·을·다·시·읽·는·아·이·들

6 동이는 호랑이 빵집의 지하 비밀 공간 책장에서 어떤 책을 찾았나요? (89쪽)

7 호 셰프가 예전에 쫓다가 놓친 여우 누이는 누구인가요? (92쪽)

8 여우 누이가 신단 마을에 와서 화남 쑥 가루를 뿌리는 이유는 무엇인가요? (98쪽)

9 호 셰프가 여우 누이를 잡기 위해 준비한 것은 무엇인가요? (99쪽)

10 화가 나서 날뛰던 마을 사람들이 사람의 모습으로 돌아온 이유는 무엇인가요? (107쪽)

1 단군 신화의 내용을 바른 순서로 연결해 보세요.

① 호랑이는 며칠 지나지 않아 동굴을 뛰쳐나갔다.
② 곰은 홀로 남아서 쑥과 마늘을 먹으며 100일을 견뎠다.
③ 어느 날 곰과 호랑이가 환웅을 찾아와 사람이 되게 해 달라고 빌었다.
④ 곰은 마침내 아름다운 여인이 되었고, 환웅과 결혼을 한 후 단군왕검을 낳았다.
⑤ 환웅은 100일 동안 동굴 속에서 마늘과 쑥만 먹으며 기도하면 소원을 들어주겠다고 했다.
⑥ 하늘 신의 아들 환웅은 비, 바람, 구름을 다스리는 신하와 3,000명의 무리를 이끌고 땅으로 내려왔다.

⑥ →

2 다음 글의 밑줄 친 문장이 무슨 뜻인지 써 보세요.

> 호랑이는 동이가 온 것도 모르고 밀가루 반죽을 척척 치대더니, 빵틀을 이용해 모양을 만들지 뭐야. 그건 호 셰프를 처음 만났을 때 동이가 받았던 석가탑 모양의 빵틀이었어.
> "이제 굽기만 하면 ㉠ 둘이 먹다 하나가 기절해도 모를 석가탑 빵이 완성되지요~!"
>
> 본문 33쪽에서
>
> "네가 말한 그 까만 가루는 화남 쑥을 태운 가루일 거다."
> "화남 쑥이요?"
> "동물을 화나게 만드는 쑥이지. 그걸 태우면 까만 가루로 변하는데 효과가 백배 아니, 천배는 더 강해져. 화남 쑥 가루가 콧구멍에 들어가기라도 하면, ㉡ 마음속에서 불길이 확 치솟는다고 해야 하나? 계속 화가 나 견딜 수 없을 정도지."
>
> 본문 63쪽에서

㉠ 둘이 먹다가 하나가 기절해도 모른다.

뜻 :

㉡ 마음속에서 불길이 확 치솟는다.

뜻 :

책·을·깊·게·읽·는·아·이·들

3 아래 글에서 ㉠은 무엇을 뜻할까요?

호랑이가 코를 벌름거릴 때마다 송곳니가 나와 반짝였어.
"아하, 생각났다! 신단수로구나!"
"시, 신단수라면…… ㉠ <u>오천 살 넘는 나무요?</u>"
"그래, 이건 신단수에서 나는 향이야. 너 혹시 신단수에서 뭔가를 받았어?"
"아무것도……요. 그냥 그 나무에 못이 박혀 있었고…… 우는 소리 때문에 그 못을 빼 준 것뿐이에요."
"신단수의 소리를 들었다고? 그래서?"
"못을 뺀 자리에서 물 같은 게 나오길래 그냥 그거 맛 좀 본 게 다예요. 근데 저도 모르게 그런 거예요."
그 말을 들은 호랑이가 씨익 미소를 지었어.
"넌 아무래도 신단수로부터 아주 특별한 힘을 선물 받은 것 같구나!"

본문 40쪽에서

4 다음은 아사달과 아사녀의 전설입니다. 아사녀의 마음과 아사달의 마음을 짐작하여 써 보세요.

옛날에 아사달이란 백제 사람이 불국사의 석가탑을 만들기 위해 신라로 왔어. 그런데 여러 해가 지나도 남편이 돌아오지 않자 아내인 아사녀도 결국 불국사 앞으로 가 매일같이 남편을 찾았단다. 하지만 탑이 완성될 때까지 여자는 절에 들어갈 수 없었어. 한없이 남편을 기다리는 아사녀에게 스님이 정성을 다해 빈다면 석탑이 완성될 때 그림자가 연못에 비칠 거라고 알려 줬어.

그러나 연못에는 아무것도 비치지 않았고 남편을 향한 그리움 때문에 아사녀는 그만 연못에 몸을 던져 버리고 말았어. 한편 아사달은 밤낮으로 열심히 석탑을 만들었고 드디어 완성했지. 스님에게 소식을 들은 아사달은 아사녀가 있다는 연못으로 갔지만 다시는 아내를 볼 수 없었다고 해.

본문 40쪽에서

② 아사녀의 마음 :

② 아사달의 마음 :

수상한 호랑이 빵집 | 9

1 다음 글을 통해서 알 수 있는 내용은?

> 우리 땅에 처음으로 '고조선'이라는 나라를 세운 인물은 단군왕검이야. 흔히 단군 할아버지라고도 부르지. 그런데 우리나라의 옛 역사를 기록한 『삼국유사』라는 책에는 단군왕검이 무려 1,500년 동안 나라를 다스렸다고 나와 있어. 아무리 왕이라고 해도 사람이 그렇게까지 오래 살 수 있을까? 사실 단군은 누군가의 이름이 아니야. '신에게 드리는 제사를 맡아 이끄는 사람'을 뜻하는 말이지. 그러니까 단군 할아버지는 한 사람이 아니라, 고조선을 다스렸던 모든 임금을 뜻하는 거야.
>
> 본문 109쪽에서

① 단군 할아버지가 단군왕검이다.
② 고조선은 국가라고 보기 어렵다.
③ 단군 할아버지는 1,500년을 살았다.
④ 대한민국은 5,000년의 역사를 가지고 있다.
⑤ 『삼국유사』는 역사책이 아니라 신화를 기록한 책이다.

2 밑줄 친 ㉠의 근거로서 적절한 것은?

> 직원이 호 셰프에게 수상한 알약을 내놓았어.
> 호 셰프가 입을 쩍 벌리자 동이가 호 셰프의 앞을 가로막으며 소리쳤지.
> "잠, 잠깐만요. 호 셰프님. 정신 차려요!"
> 동이의 갑작스러운 등장에 직원이 눈살을 확 찌푸렸어. 그리고 동이를 향해 성큼성큼 다가왔지. ㉠ 동이가 직원 쪽으로 고개를 휙 돌리는 순간, 너무 놀라 눈이 휘둥그레졌어.
> 동이는 직원의 등 뒤로 뻗어 나오는 아홉 개의 꼬리와 뾰족한 주둥이를 보았어. 맞아. 직원은 꼬리가 아홉 개인 구미호였던 거야.
>
> 본문 82~84쪽에서

① 호 셰프가 입을 쩍 벌렸기 때문이다.
② 직원은 꼬리가 아홉 개인 구미호였기 때문이다.
③ 직원이 동이를 향해 성큼성큼 다가왔기 때문이다.
④ 직원이 호 셰프에게 수상한 알약을 내놓았기 때문이다.
⑤ 동이의 갑작스러운 등장에 직원이 눈살을 확 찌푸렸기 때문이다.

문·해·력·신·장·과·P·S·A·T·맛·보·기

3 ㉠의 이유로 적절한 것은?

직원은 눈초리가 매섭게 올라간 채 성큼성큼 동이에게 다가왔어. 동이는 당황한 나머지 뒷걸음질을 쳤지만 담벼락에 가로막혀 버렸지. 후-우. 직원이 동이 얼굴에 대고 입김을 불자 까만 화남 쑥 가루가 화르르 퍼져 나갔어. 동이는 잽싸게 고개를 돌렸지만 한발 늦었지 뭐야. 화남 쑥 가루가 동이의 눈과 코로 순식간에 빨려 들어갔지.
"콜록! 에취!"
"얘, 내가 뭘 어쨌다고?"
직원이 다시 한번 동이에게 물었어. 동이는 머리가 몽롱해지고 눈앞이 흐릿해지는 것만 같았지. 직원의 목소리가 마치 먼 산에서 울리는 메아리처럼 들렸어.
털썩. ㉠ <u>동이는 그 자리에서 그만 정신을 잃고 말았어.</u>

본문 73~75쪽에서

① 직원이 다시 한번 동이에게 물었기 때문이다.
② 화남 쑥 가루가 동이의 눈과 코로 빨려 들어갔기 때문이다.
③ 동이는 머리가 몽롱해지고 눈앞이 흐릿해지는 것만 같았기 때문이다.
④ 직원은 눈초리가 매섭게 올라간 채 성큼성큼 동이에게 다가왔기 때문이다.
⑤ 동이가 당황한 나머지 뒷걸음질을 쳤지만 담벼락에 가로막혀 버렸기 때문이다.

수상한 호랑이 빵집 | 11

1 [신단 쑥 위조 사건] 보고서 쓰기

마을에서 벌어진 신단 쑥 위조 사건에 대한 보고서의 빈칸을 채워 보세요.

사건 보고서 쓰기			
사건명		주요 인물	
공간적 배경			
문제 상황	얼마 전부터 신단 마을 사람들은 만났다 하면 서로 싸워대기 시작했다. 조용하고 예스럽던 신단 마을이 소란스러워진 이유를 알아보았다.		
해결 과정	1. 동이는 할머니와 함께 사과나무 한의원 직원이 주는 쑥차 안에 (　　　　) 가/이 들어있는 것을 발견했다.		
	2. 동이의 이야기를 들은 호 셰프는 사과나무 한의원이 의심스러웠다. 호 셰프와 람이는 한의원에 가서 상황을 살피지만 한의원 직원이 준 (　　　　)를/을 마시고 완전히 취해 버렸다.		
	3. 동이는 신단 마을 사람들이 서로 싸우는 이유가 화남 쑥차 때문임을 알게 된다.		
	4. 수상한 빵집의 지하 비밀 공간에서 (　　　　) 책을 본 후 마을을 소란스럽게 만든 범인이 (　　　　)임을 알게 된다.		
	5. 그들은 한의원으로 가서 여우 누이와 대결을 벌였지만 (여우 누이는　　　　　　　　　　　　　　　　)		
사건의 결말			
개선 방안			

책·을·내·것·으·로·만·드·는·아·이·들

2 호 셰프와 대결을 벌였던 여우 누이는 사라져 버렸습니다. 여우 누이 때문에 신단 마을에 또 위기가 닥칠 거라는데요. 마을을 지키기 위해 어떤 대책을 마련해 두는 것이 좋을지 친구들과 토의해 보세요.

이 름	토의 내용
양송이	한 번 밟으면 절대로 떨어지지 않는 밀가루 반죽을 만들어 여우 누이가 마을에 입구에 나타나면 바로 잡아버리겠어.

3 동물 수배범 백과사전에 여우 누이의 이름이 있습니다. 사라진 여우 누이를 찾기 위해 수배 전단지를 새롭게 완성해 보세요.

( )를 공개 수배합니다!

- 이 름 :
- 현상금 :   원
- 특 징 :
- 범죄 사실 : (그림으로 표현)   ■ 처벌 내용

사 진

수상한 호랑이 빵집 | 13

숨 쉬는 도시 꾸리찌바

안순혜 글 | 박혜선 그림 | 박용남 감수
파란자전거

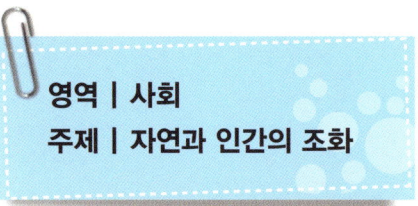

영역 | 사회
주제 | 자연과 인간의 조화

1. 생태 도시 꾸리찌바의 환경 개선 노력을 통해 환경의 중요성을 깨달을 수 있다.
2. 인간과 자연이 함께 조화를 이루어 나가는 방법을 생각해 볼 수 있다.

줄거리

환이는 도시 계획가인 아빠와 겨울 방학을 맞아 브라질의 꾸리찌바로 떠난다. 꾸리찌바는 사람의 편의를 고려하고 역사와 문화도 재활용해 아름답게 가꾸어 가는 도시이다. 이곳에서 환이는 나뭇잎 가족 캠페인, 쓰레기 트럭 등의 경험을 통해 인간과 자연이 조화를 이루는 생태 도시를 만들기 위한 사람들의 노력을 배운다.

도서 선정 이유

과학, 기술, 산업의 발달은 우리에게 풍요롭고 편리한 생활을 가져다주었으나 다른 한편으로는 환경오염과 자연 파괴라는 심각한 문제를 낳고 있다. 사람을 배려하고 인간과 자연이 조화를 이루며 살아가는 꾸리찌바의 모습을 통해 우리가 나아갈 바를 생각해 볼 수 있다.

1 다음 사진 속 도시의 모습을 살펴보고 느낀 점을 써 보세요.

2 여러분이 살고 있는 마을(또는 도시)에 바라는 점이 있다면 무엇인가요?

①
②
③
④
⑤

1. 도시 계획가인 환이 아빠는 어느 도시에 다녀온 후에 우리가 사는 곳을 그곳처럼 만들고 싶다고 했나요? 그 도시가 있는 나라를 지도에서 찾아 표시해 보고, 그 나라에 대해 알고 있는 사항도 적어 보세요. (2쪽, 21쪽)

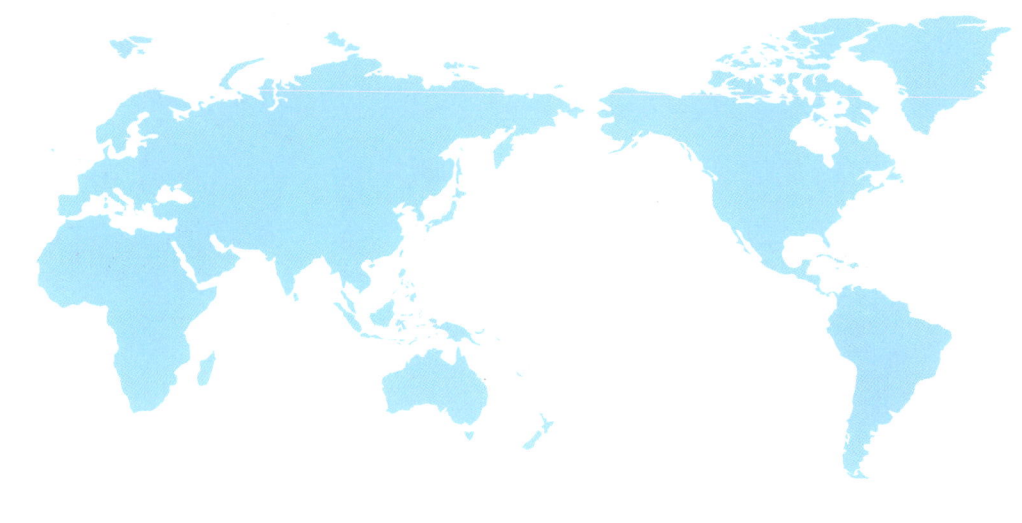

_____

_____

🌿 다음은 환이가 아빠와 함께 간 도시의 이곳저곳을 방문하고 경험한 것들입니다. 설명에 해당되는 답을 써 보세요. (2~4)

2. 보행자를 위한 최우선 구역으로 보행자 천국이라 할 수 있습니다.

> '이곳' 근처 도로는 차도가 좁고 주차가 허용되지 않습니다.
> 토요일마다 미술제, 길거리 공연 등 소박한 축제가 열립니다. 📄 본문 28~29쪽에서

_____

3. 이 정책 때문에 꾸리찌바의 나무들은 모두 시청에 신고하고, 허가 없이 나무를 베면 벌금을 부과합니다. 이때 나무의 종류와 위치에 따라 벌금은 달라져요. 대신 꽃과 나무를 잘 가꾼 마을에는 세금을 줄여 주기도 합니다. (34쪽)

_____

4 작은 규모의 미니 도서관으로 소득이 낮은 주민들에게도 문화적 혜택을 골고루 누리게 해 주는 지식의 횃불입니다. 낮에는 배움의 장소로, 밤에는 마을의 안전을 지켜 주는 역할을 하고 있습니다. (74쪽)

🌱 다음 활동들은 무엇인지 간단히 말해 보고 이 활동을 통해 얻을 수 있는 효과가 무엇인지 써 보세요.(5~7)

5 벽화 (40쪽)

6 녹색 교환의 날, 쓰레기 트럭 (53~54쪽)

7 버스 전용 도로와 원통형 버스 정류장 (69~71쪽)

8 쓰레기 트럭에서 모아 온 쓰레기를 재활용품으로 분류하는 '단결 농장'에 대해 '일석삼조'라고 한 이유는 무엇인가요? (59쪽)

1 '오뻬라 데 아라메 극장', '창조 문화센터', '빠이올 연극관'의 공통점은 무엇인가요?

2 밑줄 친 부분에 대해 생태 도시 꾸리찌바의 모습을 예로 들어 설명해 보세요.

> "우리는 <u>사람과 자연을 조화시켜</u> 도시를 개발한 그들의 노력하는 태도를 배우면 되는 거야."
>
> 📄 본문 79쪽에서

3 우리나라에도 자전거 도시 상주나 슬로 시티라 불리는 신안 증도 등 자연과 더불어 살고자 하는 도시가 있어요. 여러분이 알고 있는 사례를 이야기해 보세요.

다음을 읽고 물음에 답해 보세요. (4~6)

> ① 젊은 건축가 자이메 레르네르는 꾸리찌바의 시장이 되어 참신한 발상으로 돈보다 시민을 먼저 고려했어요. 그는 시민들의 적극적 협조로 <u>환경 문제로 어려움을 겪고 있던</u> 꾸리찌바를 세계 최고의 생태 도시로 만들었습니다. ▤ 본문 48쪽에서
>
> ② 생태 도시란 말은 1992년 <u>지구 환경 문제 협의를 위해</u> 브라질 리우데자네이루에서 열린 '리우 회의'에서 처음 등장했습니다. ▤ 본문 82쪽에서

4 위 글의 밑줄 친 부분과 같이 생태 도시는 환경 문제와 관련이 깊습니다. 그러면 생태 도시에 대한 고민이 나오게 된 이유에는 어떤 것들이 있을까요?

5 생태 도시는 어떤 특징을 가지고 있을까요?

6 꾸리찌바 외에도 생태 도시로 알려진 도시는 어디 어디인지 알아보세요.

1 아래 글과 밀접한 관련이 있는 것은?

> 차창 밖으로 본 꾸리찌바는 새 건물보다는 오래된 건물이 많았습니다. 물론 말끔하게 다시 단장해서 낡고 지저분한 느낌은 조금도 없었어요. 환이는 그러한 건물들에 정감이 갔습니다.
>
> 본문 33쪽에서

① 윤아 : 꾸리찌바는 무엇보다도 보행자를 우선으로 하고 있는 도시야.

② 소희 : 꾸리찌바는 어렸을 적부터 환경보호 캠페인과 환경 교육을 경험하고 실천하게 하는구나.

③ 태희 : 꾸리찌바는 시민에게 배움의 기회를 공평하게 제공하고 도시를 아늑한 휴식처로 제공하고 있어.

④ 승기 : 꾸리찌바는 도시 전체가 창조적인 종합 예술 작품이라 할 수 있지. 예술적 재활용을 신조로 하고 있거든.

⑤ 수현 : 꾸리찌바는 재활용을 하면서 어려운 사람들에게 일거리까지 제공하고 있어. 또한 재활용의 수입은 다시 사회에 쓰인다니 정말 훌륭한 일이야.

다음 글들을 읽고 물음에 답해 보세요. (2~3)

"환이가 컸을 때는 우리나라에도 사람과 자연이 서로 돕는 환경 도시가 많아져야 할 텐데……."

"그런데 그런 도시를 만들려면 어떻게 해야 하나요? 꾸리찌바를 보고 그대로 좇아가면 될까요?"

"아니, 꾸리찌바도 완벽한 도시는 아니란다. 사람도 도시도 계속 변하니까 지금은 완전해 보여도 늘 새로운 문제가 나타나지."

㉠"그럼, 어떻게 해야 하나요?"

본문 78~79쪽에서

2 위 대화를 읽고 이해한 내용을 적은 것입니다. 옳지 <u>않은</u> 것은?

① 꾸리찌바도 계속 노력하고 변화해야 할 것이다.
② 어떤 생태 도시이든 새로운 문제가 발생할 수 있으니 완벽한 모방은 옳지 않다.
③ 각 나라마다 사람과 자연이 서로 돕는 도시를 만들고자 하는 목적은 같아도 방법까지 모두 같을 수는 없다.
④ 꾸리찌바가 모범적인 예는 될 수 있지만 나라별로 상황이나 여건이 다를 수 있으니 그에 맞게 노력을 해야 할 것이다.
⑤ 꾸리찌바는 과거에는 생태 도시의 우수한 사례였지만 계속되는 변화와 발전으로 새로운 문제가 생겨 곤란을 겪고 있다.

3 ㉠에 대해 답한 내용 중 가장 적절한 것은?

① 다른 나라를 좇는 것은 올바른 태도가 아니야.
② 우리를 풍요롭고 편리하게 하는 개발이 더 중요하단다.
③ 꾸리찌바가 새로운 문제를 해결하면 그 방법을 적용해 보자.
④ 사람과 자연이 서로 돕고 조화를 이루는 도시를 만들려는 노력을 배우면 돼.
⑤ 꾸리찌바 외에도 환경 도시는 많으니 그 사례를 연구해 보고 우리나라와 가장 비슷한 도시를 찾아 좇아하면 되겠지.

1. 환경 보호는 말보다 실천이 정말 중요합니다. 우리가 실천할 수 있는 구체적인 노력에는 무엇이 있을까요?

> 나는야 환경 지킴이! 이것만은 꼭 실천하겠습니다.

- 하나
- 둘
- 셋
- 넷
- 다섯

2. 여러분은 이 책을 통해 꾸리찌바의 변화와 노력에 대해 많은 것들을 알게 되었습니다. 아직 꾸리찌바를 모르는 친구에게 '살아 숨 쉬는 꿈의 도시 꾸리찌바'를 소개해 보세요.

3 우리나라의 도시도 사람과 자연 환경이 어우러진 생태 도시, 환경 도시로 만들기 위해 어떤 노력을 더 해야 할까요?

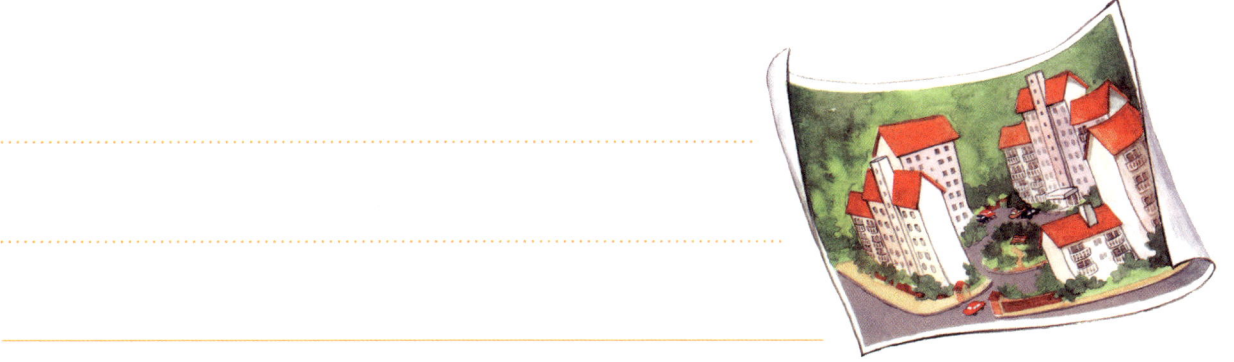

4 여러분이 도시 계획가가 되었다고 상상해 보세요. 우리나라에 생태 도시를 만든다면 어떤 모습으로 만들고 싶은지 조감도를 그려 봅시다. 그리고 도시 계획을 할 때 중요하게 생각했던 점은 무엇인지 써 보세요.

지렁이가 흙똥을 누었어

이성실 글 | 이태수 그림 | 다섯수레

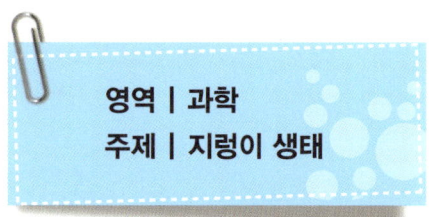

영역 | 과학
주제 | 지렁이 생태

목표

1. 지렁이에 대해 알 수 있다.
2. 지렁이가 환경에 미치는 영향을 알 수 있다.
3. 지렁이의 중요성을 깨달을 수 있다.

줄거리

지렁이는 흙 속에 살며 흙을 부드럽게 하고 땅이 숨을 쉴 수 있게 해 준다. 지렁이가 흙을 먹고 싼 똥에는 영양소가 듬뿍 들어 있어서 식물들을 잘 자라게 해 준다.

도서선정이유

이 책은 지렁이가 사람에게 얼마나 도움이 되는지를 잘 보여 준다. 섬세한 그림으로 호기심을 자극한다. 이 책을 읽으면 징그러운 벌레에 불과했던 지렁이가 지구를 살리는 "땅속의 농부"라는 사실을 자세하게 알 수 있다.

1
지렁이는 언제부터
이 땅에 살았을까요?

2
지렁이는 무엇을
먹고 살까요?

3
지렁이를 먹는
사람도 있을까요?

4
지렁이는 사람에게
어떤 도움을 줄까요?

1 지렁이는 무엇으로 숨을 쉬나요? (5쪽)

2 지렁이는 뼈가 없는데 어떻게 앞으로 가나요? (6쪽)

3 지렁이가 앞으로 나갈 때 도움을 주는 것은 무엇인가요? (6쪽)

4 지렁이는 암수를 구분할 수 있나요? (9쪽)

5 비가 많이 오는 날이면 지렁이가 땅 위로 올라오는 까닭은 무엇인가요? (11쪽)

6 지렁이는 새, 두더지, 개구리, 도롱뇽, 뱀이 좋아하는 먹잇감입니다. 이런 동물들을 지렁이의 무엇이라고 하나요? (15쪽)

7 지렁이 똥은 식물을 튼튼하게 키워 줍니다. 지렁이 똥에는 무엇이 들어 있기 때문인가요? (17쪽)

8 지렁이 몸의 각 명칭을 써 보세요. (6쪽)

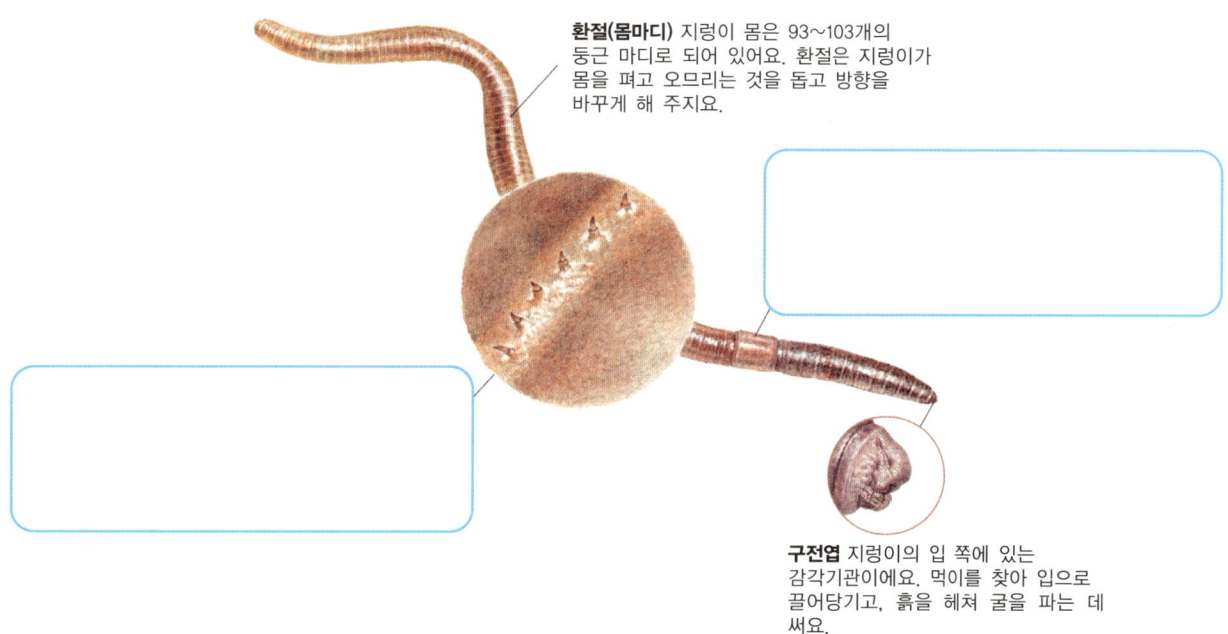

환절(몸마디) 지렁이 몸은 93~103개의 둥근 마디로 되어 있어요. 환절은 지렁이가 몸을 펴고 오므리는 것을 돕고 방향을 바꾸게 해 주지요.

구전엽 지렁이의 입 쪽에 있는 감각기관이에요. 먹이를 찾아 입으로 끌어당기고, 흙을 헤쳐 굴을 파는 데 써요.

1 다음 글은 지렁이가 겨울을 어떻게 보냈다고 말하는 것일까요?

> 따스한 봄이 왔어. 겨우내 땅속에서 잠자던 지렁이가 굴을 파기 시작했어.
>
> 본문 2쪽에서

2 이 그림은 무엇을 보여 주는 그림인가요? (18~20쪽)

3 다음은 지렁이에 관한 내용입니다. 각 내용에 여러분의 느낌이나 생각 또는 의견을 써 보세요.

지렁이에 관한 사실	느낌, 생각, 의견
지렁이는 몸이 잘려도 새살이 돋는다. (13쪽)	
지렁이는 먹이사슬 가장 아랫자리이다. (15쪽)	

4 ㉠처럼 말하는 이유는 무엇인가요?

> ㉠ **지렁이는 땅속 농부야.**
> 지렁이가 일구어 놓은 땅속에서 감자알이 실하게 여물어 가고 있어.
> 지렁이 똥은 스펀지 같아서 비가 올 때 물을 머금었다가
> 식물에게 물이 필요할 때 다시 내주어 잘 자라게 해.
>
> 본문 21쪽에서

1 밑줄 친 문장의 이유로서 적절한 것은?

지렁이는 ㉠ 살아 있는 쟁기야.
땅속에서 굴을 파며 흙을 섞고 곱게 부수거든.
덕분에 부드러운 흙 속으로 감자 뿌리가 쉽게 뻗어 나가.
지렁이가 만들어 놓은 좁은 굴들은
물과 공기가 뿌리까지 닿게 해.
장마로 물이 차면 지렁이 굴을 타고 물이 빠져나가
뿌리가 썩지 않고 잘 자랄 수 있어.

본문 19쪽에서

① 지렁이는 쟁기처럼 생겼다.
② 감자 뿌리가 썩지 않고 잘 자란다.
③ 땅속에서 굴을 파며 흙을 섞고 곱게 부순다.
④ 부드러운 흙 속으로 감자 뿌리가 쉽게 뻗어 나가게 한다.
⑤ 지렁이가 만들어 놓은 좁은 굴들은 물과 공기가 뿌리까지 닿게 한다.

문·해·력·신·장·과·P·S·A·T·맛·보·기

2 다음을 요약한 것으로 적절한 것은?

축축하고 어스름한 날이야.
땅 위로 올라온 지렁이를 어미 닭이 낚아챘어.
지렁이는 땅속에서 몸을 부풀려 센털로 버티고 있어.

하지만 걱정하지 마.
잘려 나간 몸에 다시 새살이 돋아날 거야.

앗, 배고픈 두더지가 지렁이를 덥석 물었어.
잽싸게 달아날 수 있었는데…….

흙 속에서도 지렁이는 안전하지 못해.
지렁이는 먹이사슬에서 가장 아랫자리에 있어.
지렁이는 새, 두더지, 개구리, 도롱뇽, 뱀이
좋아하는 먹잇감이야.

 본문 13~15쪽에서

① 지렁이는 천하무적이야.
② 지렁이는 병아리와 닭이 잡아먹어.
③ 지렁이를 먹지 못하는 동물들이 많아.
④ 지렁이를 잡아먹으려는 천적들이 많아.
⑤ 지렁이는 새살이 돋아나기 때문에 웬만해서는 죽지 않아.

1 지렁이는 사람에게 도움을 주는 동물입니다. 그런데 지렁이가 점점 사라져 가고 있습니다. 그 이유와 해결 방법을 생각해 봅시다.

지렁이가 사라져 가는 이유

해결 방법

2 지렁이를 더 많이 살리기 위해 노력하는 사람들이 있습니다. 어떤 일을 하는 사람들일까요? (25쪽)

3 지렁이 똥에 별명을 지어 주고 그렇게 지은 이유를 써 보세요.

> **보기** 지렁이 똥은 영양 덩어리야.
> 왜냐하면 지렁이 똥에는 식물이 좋아하는 무기질과 영양소가
> 듬뿍 들어 있거든.   본문 17쪽에서

지렁이 똥은 _____ 이야.

왜냐하면 _____

_____

4 책에서 가장 인상이 깊었던 문장이나 그림은 어떤 것인가요?

별 사이다 한 병

홍종의 글 | 주미 그림 | 아이앤북

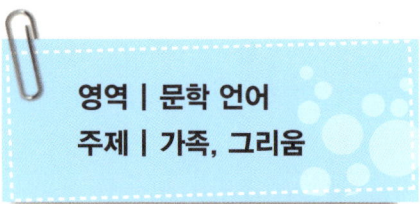

영역 | 문학 언어
주제 | 가족, 그리움

1. 현대 사회에서의 가족의 의미를 알 수 있다.
2. 그리움과 추억에 대해 생각할 수 있다.
3. 주변을 둘러보는 시간을 가질 수 있다.

줄거리

　태기와 할머니는 돌아가신 아빠의 무덤을 찾아간다. 무덤 주변에 박힌 사이다 병을 보고 아빠가 사이다를 좋아했다는 사실을 알게 된다. 할머니와 함께 아버지 무덤에 간 일로 태기는 엄마에게 혼이 나지만 새아빠는 감싸 준다. 나중에 할머니가 보고 싶어 전화를 하지만 통화를 하지 못한다. 할머니에게 드릴 별 사이다 한 병을 얻어 택시를 타려는 찰나 태기는 엄마에게서 할머니의 장례식장으로 오라는 전화를 받는다.

도서선정이유

　세월이 흘러도 누구나 가슴속에 자신만의 별 하나를 가지고 산다. 이 책을 읽는 어린이들이 그리움과 함께 마음속의 별을 들여다보는 시간을 가져 볼 수 있다.

1 『별 사이다 한 병』이라는 제목을 보고 무엇이 떠올랐는지 친구들과 이야기해 보세요.

2 밤하늘의 별을 보면 무슨 생각이 떠오르나요?

3 간혹 돌아가신 분들을 표현할 때 "하늘의 별이 되었다."고 표현합니다. 별이 되었다고 표현하는 까닭은 무엇일까요?

4 "그리움" 하면 떠오르는 것이 있나요?

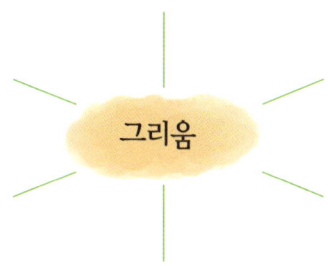

5 책에는 할머니의 그림이 있어요. 할머니의 표정이 어떻게 보이나요?

1 할머니가 갑작스럽게 태기를 찾아왔습니다. 할머니가 손을 내밀자 태기는 무엇이라고 말했나요? (9쪽)

2 태기는 무덤으로 올라가다 할머니의 말을 듣고는 꽃을 놓칩니다. 그 까닭은 무엇인가요? (24쪽)

3 태기는 별을 묻어 놓았다는 할머니의 말을 처음에는 이해하지 못합니다. 그런데 무엇을 보고 그 말을 이해했나요? (26~27쪽)

4 태기 할머니는 이상한 소리를 내다가 태기의 질문에 활짝 웃었습니다. 할머니가 활짝 웃은 까닭은 무엇이었나요? (29쪽)

5 태기는 웃고 있는 할머니에게 왜 별 사이다 병을 무덤에 묻어 놓았는지를 물었습니다. 할머니는 뭐라고 대답했나요? (32쪽)

책·을·다·시·읽·는·아·이·들

6 태기는 할머니와 헤어져 돌아오는 길에 새아빠를 만났어요. 그런데 새아빠는 아무 말 없이 사이다를 사 주었습니다. 태기는 새아빠의 어떤 점이 맘에 들었다고 말했나요? (35쪽)

7 태기와 세민이는 어떤 관계인가요? (42쪽)

8 책 속에서 태기와 세민이는 어떠한 성격인가요?

태기 (43쪽, 49쪽)

세민 (42쪽, 49쪽, 55쪽)

9 장례식장으로 오라는 엄마의 전화를 받은 태기는 사이다를 할머니께 빨리 드리고 싶어서 택시 아저씨를 재촉합니다. 할머니의 어떤 모습이 생각났기 때문인가요? (71~72쪽)

별 사이다 한 병 | 37

1 『별 사이다 한 병』에서 '별 사이다'나 '별'이 가지는 의미는 무엇이라고 생각하나요?

2 태기의 할머니는 태기 아빠의 무덤을 끌어안고 소리 없이 울었어요. 그 까닭은 무엇일까요?

3 ㉠의 이유는 무엇일까요?

> "어디 갔다 왔는지 말해 주면 안 되겠니? 하기 싫으면 안 해도 되고."
> 새아빠가 물었다.
> "할머니를 따라서 아빠 무덤에 다녀왔어요."
> 태기는 새아빠가 물어주기를 기다렸다는 듯 얼른 대답을 해 버렸다. ㉠ <u>대답을 하고나자 꽉 막혔던 가슴이 뻥 뚫렸다.</u> 마치 별 사이다를 마신 것처럼.
> "……."
> 새아빠는 한참 동안 말을 하지 않았다.
> "잘못했습니다."
> 태기가 잘못을 빌었다.
> "잘못한 것은 아니지. 엄마한테는 할머니와 같이 있었다고 말씀드리는 것이 나을 것 같다."
>
> 본문 38쪽에서

4 태기는 엄마의 꾸중을 듣고 욕실에서 거울을 보다가 갑자기 울었습니다. 태기는 왜 갑자기 눈물을 흘렸을까요?

5 태기의 새아빠는 가족은 가장 편하게 기댈 수 있는 사이라고 혼잣말처럼 이야기합니다. 새아빠는 어떤 의미로 이야기했을까요?

6 다음 내용을 읽고 태기의 마음이 어떠할지 이야기해 보세요.

> 도로에는 차들이 꽁무니에 빨간불을 켜고 멈춰 서 있었다.
> "우리 할머니에게 드려야 하는데. 우리 할머니에게 드려야 하는데. 으앙!"
> 태기가 발을 동동 구르며 울음을 터뜨렸다. 태기의 눈물이 초록색 별 사이다 병에 뚝뚝 떨어졌다.
> 태기의 눈물이 떨어진 자리마다 하얀 별이 피어났다. 별들이 빛을 뿜어댔다.
>
> 본문 73~74쪽에서

1 다음 글로 알 수 있는 사실이 <u>아닌</u> 것은?

"무슨 꽃이지?" 태기는 지나치면서 꽃가지 하나를 뚝 꺾었다.

"아비 주려고?" 할머니가 불쑥 말했다. '아비라니?'

태기는 그만 들고 있던 꽃가지를 놓치고 말았다. 가슴이 우당퉁탕거렸다. 너무 가슴이 뛰어서 숨을 쉴 수도 없었다.

태기는 아빠의 얼굴이 떠오르지 않았다. 태기는 초등학교 4학년. 아빠는 태기가 두 살 때 돌아가셨다고 했다. 태기가 할머니를 기억하는 것도 여섯 살 무렵이다. 엄마가 직장을 다니고 있어 아주 잠깐 고모 집에서 할머니와 살았던 기억부터였다. 태기는 누구한테도 아빠의 무덤에 대한 이야기를 듣지 못했다. 그리고 올봄에 엄마가 새아빠와 결혼을 했다.

본문 24쪽에서

① 태기는 죽은 아빠의 무덤으로 가고 있다.
② 태기는 여섯 살 때부터 할머니를 기억한다.
③ 태기는 죽은 아빠와 이야기해 본 적이 없다.
④ 태기는 아빠의 무덤이 어디 있는지 알지 못했다.
⑤ 태기 엄마는 할머니와 함께 고모 집에서 살았다.

2 사건이 일어난 순서대로 되어 있는 것은?

(가) "아줌마 병으로 된 별 사이다 있죠? 한 병만 파세요. 우리 할머니가 사 오래요."
태기가 숨도 쉬지 않고 말했다. 태기는 큰 보물이라도 되는 양 별 사이다 병을 꼭 끌어안았다. 가슴이 차가워지면서 축축해졌다.

(나) "봐, 여기여. 이렇게 별을 박아 놓은 곳이 느 아비 무덤이여."
할머니가 허리를 펴고 손짓을 했다. 드디어 아빠의 무덤을 찾은 모양이었다. 태기는 얼른 뛰어갔다. 할머니가 무덤 앞 풀을 헤치며 초록색 병 하나를 집어 올렸다. 하얀 별이 그려진 초록색 별 사이다 병이었다.

(다) 어느새 하늘에는 별들이 반짝거렸다. 골목길에 들어서다가 새아빠와 마주쳤다. 태기는 숨이 딱 멎었다.
"저, 저 목말라요. 사이다 사 주세요."
갑자기 태기의 입에서 그 말이 튀어나왔다.
"그래? 그럼 가자."

(라) 할머니가 학교로 찾아온 것은 처음이 아니었다. 가끔 학교에 온 할머니는 오히려 태기가 붙잡고 싶을 만큼 잠깐 얼굴만 보고 갔다. 마치 누가 보면 큰일 날 것처럼. 이번처럼 어디를 가자고 한 적은 한 번도 없었다.
"아, 알았어요. 갈게요." 태기는 교문을 향해 앞장섰다.

 본문에서

① (가) - (나) - (라) - (다)
② (다) - (가) - (라) - (나)
③ (라) - (나) - (다) - (가)
④ (라) - (나) - (가) - (다)
⑤ (다) - (나) - (가) - (라)

1 여러분도 남에게 말하지 못하는 비밀이 있나요?

2 태기가 메모지에 써 놓은 글처럼 여러분도 가 보고 싶은 장소가 있나요?

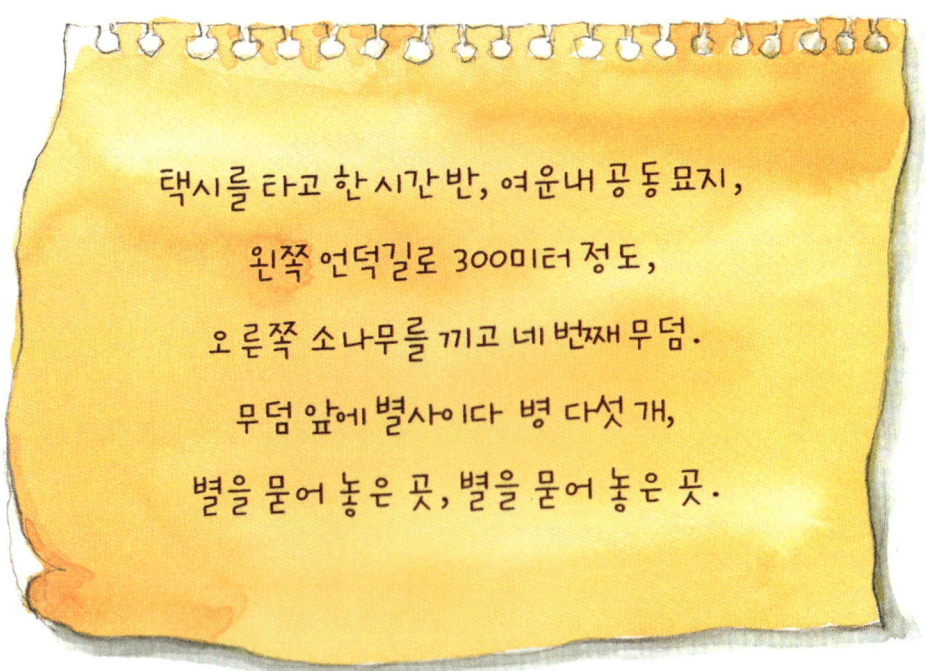

택시를 타고 한 시간 반, 여운내 공동묘지,
왼쪽 언덕길로 300미터 정도,
오른쪽 소나무를 끼고 네 번째 무덤.
무덤 앞에 별사이다 병 다섯 개,
별을 묻어 놓은 곳, 별을 묻어 놓은 곳.

3 '지금 보고 싶은 사람' 하면 떠오르는 사람이 있나요?

4 여러분은 기억하고 싶은 장소나 사람이 있을 때 어떤 것을 활용하나요?

5 이 책에서 별은 그리움을 의미합니다. 여러분이 가지고 있는 여러분만의 그리운 별이 있나요?

날마다 만 원이 생긴다면

조은진 글 | 이영진 그림 | 별숲

영역 | 문학, 경제
주제 | 경제, 불로소득

1. 일하지 않고 얻은 소득에 대해 평가할 수 있다.
2. 우연히 얻은 돈으로 고민하는 주인공의 심리를 엿볼 수 있다.
3. 돈의 가치를 알 수 있다.

줄거리

실직 중인 아빠, 계란 공장에 다니는 엄마와 함께 살고 있는 태웅이는 여자친구인 윤서의 생일 선물을 사지 못해 고민 중이다. 그러던 중 우연히 신기한 족자를 얻는다. 그 족자는 돈을 달라고 말하면 만 원을 주는 족자인데, 실제로 태웅이가 만 원을 달라고 하자 족자에서 나온 아이는 태웅이에게 만 원을 준다. 하루에 만 원씩만 달라고 해야 한다는 약속을 태웅이는 지킬 수 있을까? 족자 속 소년이 태웅이에게 준 돈의 출처는 어디였을까?

도서 선정 이유

노력하지 않고 정직하지 않은 방식으로 얻은 돈은 과연 가치가 있을까? 이 동화는 땀을 흘리지 않고 얻은 소득은 다른 사람들의 노동의 대가를 가로채는 것과 다름없다고 말하고 있다. 이 책은 이 세상에는 공짜가 없고, 내가 가진 돈은 내 노력의 가치이거나 누군가가 힘들게 번 대가임을 보여 준다. 주인공의 행동 변화를 통해 돈의 가치와 노동의 대가로서의 가치를 알 수 있다.

1 다음 뜻에 해당하는 어휘를 아래 족자에서 찾아 쓰세요.

> 가위 가판대 가뜬하다 운전법 유선 전화 족자 현판
> 공중전화 운지법 깨금발 구멍가게 아득하다 유정란 무정란

① 발뒤꿈치를 들어올리는 행동.   (   )

② 마음이 가볍고 상쾌하거나 후련하다.   (   )

③ 수탉과 암탉이 짝짓기해서 낳은 계란   (   )

④ 기를 펴지 못할 만큼 벅차고 힘겨운 기운   (   )

⑤ 음악에서 악기를 연주할 때 손가락을 사용하는 방법.   (   )

⑥ 사람들이 전화를 걸 수 있도록 공공장소에 설치된 전화기.   (   )

⑦ 거리에서 신문이나 음료 등 간단한 물건을 파는 조그마한 가게.   (   )

⑧ 그림이나 글씨의 뒷면에 비단이나 종이를 발라 꾸미고, 벽에 걸거나
  두루마리처럼 말 수 있게 만든 물건   (   )

2 문장을 읽으면서 바른 맞춤법에 ○ 하세요.

> ① (몇 일전 / 며칠 전), 같은 반 윤서가 생일 파티 초대장을 주었어.
>
> ② 나는 가방을 (메고 / 매고) 집을 나왔어.
>
> ③ 필리핀 아저씨가 내 어깨를 톡톡 건드리며 (아는체 / 알은체) 했어.
>
> ④ 나는 내일 윤서에게 말할 (핑게거리 / 핑곗거리)를 찾았지.
>
> ⑤ 어떻게 해야 하지? 생각이 (뒤썩여 / 뒤섞여) 머리가 아팠어.
>
> ⑥ 명절 때 받은 (세배돈 / 세뱃돈)은 저축해야 해.

1 태웅이가 오늘을 기다린 까닭은 무엇일까요? (9쪽)

2 태웅이의 발걸음이 무거운 이유는 무엇인가요? (13쪽)

3 하굣길에 만난 가판대 아저씨가 돈을 준다는 족자를 주면서 지키라고 했던 두 가지 약속은 무엇인가요? (27쪽)

4 태웅이가 돈을 달라고 하자 족자 속의 아이가 진짜로 돈을 주었어요. 이때 태웅이는 어떻게 행동했나요? (30쪽)

5 태웅이가 준 돈으로 담배 사고 남은 돈이라며 아빠가 오백 원을 다시 주자 태웅이는 어떻게 했나요? (41쪽)

책·을·다·시·읽·는·아·이·들

6 태웅이가 족자 속 소년에게 만 원을 더 달라고 하자 소년은 뭐라고 말했나요? (77~78쪽)

7 태웅이가 족자 속에서 가지고 나온 오만 원은 누구 돈이었나요? (103쪽, 107쪽)

8 태웅이가 그동안의 일을 사실대로 말하면서 엄마 아빠에게 보여 준 족자는 어떻게 변했나요? (112쪽)

9 태웅이가 윤서에게 병아리 대신 무엇을 선물했나요? (126쪽)

1 태웅이는 ㉠의 원인을 무엇이라고 생각하나요?

> 필리핀 아저씨는 손을 흔들며 집 쪽으로 걸어갔어. 나는 아저씨 뒷모습을 바라보았어. 공장에 사람이 부족하다는 말이 귓가에 맴돌았어. 아저씨가 다니는 공장에 아빠를 소개해 달라고 말해 볼까? 아저씨라면 내 부탁을 들어줄 거야. 아저씨와 아빠가 나란히 출근하는 모습을 상상해 봤어.
> 정말 그렇게 됐으면 좋겠어. 그러면 ㉠ <u>엄마와 아빠의 싸움</u>이 줄어들 거야.
>
> 본문 14~16쪽에서

2 다음은 태웅이가 족자 속에서 오만 원을 가지고 나온 후에 마트에서 필리핀 아저씨를 만난 장면입니다. ㉠으로 우리가 알 수 있는 사실은 무엇인가요?

> '기와집 속에서 본 코끼리 지갑? 아니야, 세상에 비슷한 지갑도 많잖아. 그래, 아닐 거야.'
> 아니라고 고개를 저을수록 머릿속에는 코끼리 지갑 그림이 또렷이 떠올랐어. 머릿속이 띵했어. 생각들이 볶음밥처럼 뒤섞여 어지러웠어. ㉠ <u>다리가 떨리고, 손에 힘이 빠져, 들고 있던 휴대폰을 떨어뜨렸어.</u>
>
> 본문 103쪽에서

책·을·깊·게·읽·는·아·이·들

3 다음은 태웅이와 족자 속 소년이 대화하는 장면입니다. ㉠에서 '아이가 하려던 말'과 '복잡한 눈빛'의 의미를 조금 구체적으로 이야기해 보세요.

> "그럼 ……. 네가 나에게 가져다준 돈이 우리 엄마 아빠 돈이었어? 설마 윤서 돈까지?"
> 나는 도리질을 했어. 아니라고 아이가 말해 주기를 바라면서 말이야.
> "네. 맞아요." 아이는 고개를 돌리며 짧게 대답했어.
> "말을 해 줬어야지. 엄마, 아빠, 윤서, 필리핀 아저씨 돈이었다고!"
> 나는 아이 뒤통수에 대고 냅다 소리를 질렀어. 아이가 다시 나를 돌아보았어. ㉠ <u>뭐라 말하려던 아이는 복잡한 눈빛만 남긴 채</u> 기와집으로 들어가 버렸어.
>
> 본문 107쪽에서

 아이가 하려던 말 :

 복잡한 눈빛 :

4 ㉠, ㉡, ㉢의 의미를 말해 보세요.

> 나는 서랍에서 두루마리 족자를 꺼내 펼쳤어. 그런데 족자 속 그림이 모두 사라지고, 아무것도 없는 거야. 아이도, 기와집도 보이지 않았어. 나는 족자를 뒤집어도 보고, 두드려도 보고, 문질러도 봤어. 엄마 아빠한테 어떻게 설명해야 할지 입이 바짝바짝 탔어.
> 내가 아이를 소리 내어 부를 때 ㉠ <u>엄마 눈동자가 흔들렸어.</u> ㉡ <u>아빠는 엄마와 달리 진지하게 내 말을 들어 주었어.</u> ㉢ <u>아빠의 눈빛이 내 안을 들여다보고 있는 것 같았어.</u>
>
> 본문 113쪽에서

 ㉠ 엄마 :

 ㉡ 아빠 :

 ㉢ 태웅 :

날마다 만 원이 생긴다면 | 49

1 말하는 사람의 말과 행동에 맞는 적절한 속담은?

> 마트에 도착하자마자 머리띠부터 집었어.
> 누가 안 사 가서 정말 다행이야. 마트 아줌마에게 만 원을 내미는데 괜히 눈치가 보였어. 아줌마가 네 돈이 맞냐고 물어볼 것만 같았거든. 계산이 끝나자마자 윤서 집으로 향했어.
>
> 본문 32쪽에서

① 누워서 떡 먹기야.
② 공든 탑이 무너지랴.
③ 도둑이 제 발 저린다.
④ 고래 싸움에 새우 등 터진다.
⑤ 돌다리도 두들겨 보고 건넌다.

2 다음 중 앞뒤 문장의 관계가 가장 <u>어색한</u> 문장은?

① "병아리는 만지는 것을 싫어해. 눈으로 봐."
② 월요일은 차가 많고 길이 막힌다. 그래서 엄마는 일찍 출근한다.
③ "뭘 잘 잊어버리면 치매라던데, 당신 호두 좀 먹어야겠어. 머리에 호두가 좋대."
④ 오리털 점퍼이니 계란이 좋아할 거야. 오리랑 닭이랑 이웃사촌이니까, 계란도 오리털이 낯설지 않을 거고.
⑤ 유정란을 낳는 닭들은 건강한 자연환경에서 자라는 경우가 많대. 좁은 공간에서 크는 닭보다는 아무래도 스트레스를 덜 받겠지."

3 다음 글의 등장인물에 대해 적절하게 설명한 것은?

집에서 계란 공장이 가까우면 좋겠어. 그러면 내가 학교 가는 길에 갖다줄 수 있잖아. 간 김에 윤서 생일 선물 살 돈도 받을 수 있고 말이야. 하지만 불행하게도 공장은 멀리 있어. 버스를 한 시간쯤은 타야 해.

〈중략〉

휴, 벌써 학교 앞 건널목이야. 학교가 가까워질수록 내 머릿속은 더 복잡해졌어. 윤서한테 할 말이 떠오르지 않았기 때문이야. 파란불이 켜지지 않았으면 좋겠어. 세상이 이대로 멈춰 버렸으면 좋겠어. 나는 횡단보도 앞에 멍하게 서 있었어.

본문 13쪽에서

① 주인공은 갈등하고 있다.
② 주인공은 파란색을 싫어한다.
③ 주인공은 현실을 긍정적으로 인식하고 있다.
④ 주인공은 윤서와 말을 하지 않기로 결심하고 있다.
⑤ 주인공은 문제를 해결하기 위한 대안을 가지고 있다.

4 다음 상황에 사용할 수 있는 사자성어는?

수업이 끝나자마자, 곧바로 교실을 나섰어. 윤서랑 마주치고 싶지 않았거든. 나는 곧장 집으로 향했어. 신주머니를 뱅뱅 돌리며, 내일 윤서에게 말할 핑곗거리를 찾았지. '수학 학원에서 갑자기 보충 수업을 해서 못 갔다고 할까? 아니면 할머니가 오셨다고? 그것보다 할머니가 편찮으셔서 병문안을 갔다고 하는 게 나을까?'

본문 19쪽에서

① 전화위복(轉禍爲福)   ② 임기응변(臨機應變)   ③ 관포지교(管鮑之交)
④ 오비이락(烏飛梨落)   ⑤ 괄목상대(刮目相對)

책을 내 것으로 만드는 아이들

1 세상에 애쓰지 않고 공으로 얻은 돈, 즉 공돈이 있을까요? 있다면 어떤 경우일까요?

> 나는 고민이 되었어. 족자 속 아이가 가져다준 돈을 받긴 했지만, 그렇다고 돈을 훔치지 않았다고 말할 수 있는 것도 아니잖아. 마음속에 말은 아주 많은데, 어디서부터, 아니 어떤 말부터 시작해야 할지 모르겠어.
>
> 본문 111쪽에서

2 여러분에게 만 원이 있었는데, 아무리 찾아도 돈이 없어서 가족이나 친구 또는 다른 사람을 의심한 적이 있나요? 그런 경우에 어떻게 행동해야 할까요?

> "집에서 돈을 잃어버렸어. 동생이 가져간 거 같은데, 자기는 아니래. 치, 전에도 내 돈 가져간 적이 있거든. 내가 모를 줄 알고."
>
> 윤서는 속상한지 말을 하면서 한숨을 여러 번 쉬었어. 나는 잠깐 마음이 흔들렸어.
>
> 본문 63쪽에서

책·을·내·것·으·로·만·드·는·아·이·들

3 가판대에서 만난 아저씨는 태웅이에게 족자를 선물로 준답니다. 만약 여러분이 태웅이라면 족자를 받았을까요? 받지 않았을까요? 토론해 보세요.

> "왜? 맘에 안 들어?"
> 아저씨가 내 표정을 보더니 물었어.
> "보기엔 이래도 이거 보통 족자가 아니다. 날마다 돈을 주는 족자야. 그것도 만 원씩. 못 믿겠지? 내가 이런 말을 하면 다들 처음엔 너 같은 표정이야. 여기 대문 앞에 서 있는 아이를 불러 돈을 달라고 하면 갖다줄 거다. '아이야, 돈을 다오!' 이렇게 말이야."
> 〈중략〉
> "속고만 살았냐? 널 도와주려는 거야. 자, 이 족자를 줄 테니 두 가지 약속을 지켜 줘."
>
> 본문 27~28쪽에서

 나는 족자를 받을 것이다. (　　)　　나는 족자를 받지 않을 것이다. (　　)

 이유 :

4 태웅이는 꿈속에서 족자 속 소년을 만났어요. 태웅이를 떠난 소년의 다음 이야기를 상상해서 말해 보세요.

> 꿈 속에서 족자 속 아이를 만났어. 아이는 등에 짐을 메고 어디론가 가고 있었어.
>
> 본문 113쪽에서

양파의 왕따 일기 1

문선이 글·그림 | 푸른놀이터

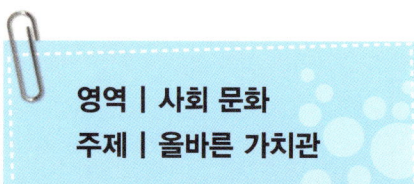
영역 | 사회 문화
주제 | 올바른 가치관

목표

1. 그릇된 행동을 반성하고 올바른 가치관을 알 수 있다.
2. 진정한 우정이 무엇인지 깨달을 수 있고 좋은 친구가 되는 방법을 배울 수 있다.

줄거리

4학년이 된 정화는 같은 반 친구인 미희와 친하게 지내고 싶어 한다. 정화는 미희를 중심으로 만들어진 양파 무리에 들어가게 되고 그 후 여러 가지 사건을 겪는다. 같은 반 친구를 왕따시키는 양파 친구들의 행동이 잘못된 것임을 알지만 자신도 왕따가 될까 봐 선뜻 나서지 못한다. 여러 가지 사건 후에 정화는 결국 잘못을 깨닫는다.

도서선정이유

이 책은 왕따 이야기를 통해 친구와의 관계, 부모님과의 관계에 대해서 다시 한 번 생각할 수 있는 계기를 마련해 준다. 왕따를 당하는 친구의 마음을 이해할 수 있고 자신의 잘못을 바로잡는 용기를 배울 수 있다.

1 『양파의 왕따 일기』에 나오는 단어들입니다. 빈칸에 들어갈 단어를 [보기]에서 골라 써 보세요.

> 보기
> 꼭두각시   우정 주문   마니또 편지   지망생   의료 봉사   용돈
> 거짓말   풀꽃   단짝   인기투표   바늘   교환 일기

▶ '(   )은/는 아픔을 다 견뎌내고 시멘트 바닥에 뿌리를 내렸어. 난 (   )만도 못한 앤가 봐.'

▶ "아니야, 그런 게 아니야. 정말 마음이 아픈 건 그냥 슬픈 게 아니고, 가슴에 통증이 생길 만큼 진짜로 아픈 게 느껴지는 거야. 여기가 (   )에 쿡쿡 찔리는 것처럼 말이야."

▶ 이 주문은 (   )으로/로 순전히 미희가 만든 거란다. 그 주문을 듣는 순간 블랙홀에 빨려드는 것 같이 난 양파들과 떼려야 뗄 수 없는 관계가 된 듯한 느낌을 받았다.

▶ 다행히도 난 쓰기 시간에는 선생님께 일기를 잘 썼다는 칭찬을 받았다. 양파 애들은 서로 바꿔 가며 (   )을/를 쓴다. 이건 내가 양파에 들고 싶은 또 하나의 이유다.

2 왕따로 시작하여 우정 맹세로 끝날 수 있도록 빈칸에 알맞은 단어를 연상하여 보세요.

예: 비 – (우산) – (촉촉함) – (새싹) – (농사) – 추수

왕따 – (   ) – (   ) – (   ) – (   ) – 우정 맹세

1 미희와 어울려 다니는 아이들을 양파라고 부르는 이유는 무엇인가요? (11쪽)

2 정화가 양파에 끼고 싶어 하는 이유는 무엇인가요? (15쪽)

3 미희와 병원에서 마주쳤을 때 "너네 아빠 의사시구나."라는 미희의 말에 정화는 "어어-."라고 대답했습니다. 정화는 왜 말을 얼버무렸을까요? (41쪽)

4 양파에 들어간 후 정화는 점점 달라졌습니다. 정화의 달라진 모습에는 어떤 것들이 있나요? (56~58쪽, 65~66쪽)

5 양파에 속해 있던 정선이를 미희가 미워하고 따돌린 이유는 무엇인가요? (74쪽, 79쪽)

6 미희를 찾으러 나간 정화는 공중전화 부스에서 울음을 터뜨리는 미희를 발견했습니다. 미희가 눈물을 흘린 이유는 무엇인가요? (92쪽)

7 병원에서 환자들의 머리를 깎아 주는 일을 하시던 정화의 아빠가 텔레비전에 나온 이유는 무엇일까요? (111쪽)

8 미희는 어떤 사건을 계기로 말도 줄고 자기 마음대로 하려는 일도 조금씩 없어졌습니다. 어떤 사건인가요? (131쪽, 135쪽)

9 정화가 글짓기 대회에서 왕따 이야기를 소재로 쓴 글에서, 왕따 친구를 돕지 못한 아이들은 어떤 아이들이었나요? (142쪽)

1 책 속에 등장하는 인물들의 성격을 정리해 보고 인물들에게 어울리는 별명을 지어 주세요.

2 양파 속에서 친구로 지내다가 점점 양파에게 왕따를 당하기 시작하면서 변하고 있는 정선이의 감정을 감정 그래프로 나타내 보세요.

책·을·깊·게·읽·는·아·이·들

3 미희는 연숙이를 시켜 정선이에게 도둑 누명을 씌우려고 했습니다. 그러나 도둑 누명 사건이 실패하자 미희는 연숙이에게 모든 잘못을 떠 넘겼습니다. 미희 때문에 두 친구가 마음의 상처를 입었습니다. 두 사람의 입장이 되어 미희에게 이야기를 해 보세요.

4 진정한 우정이란 무엇인지 정의를 내려 보고, 짝꿍이 내린 정의와 비교해 보세요.

> 선생님은 여러분도 친구들끼리 서로 모래도 되어 주고, 공기도 되어 주었으면 좋겠어요. 그리고 아무리 힘든 일도 쉽게 포기하지 않고 이 풀꽃처럼 꿋꿋하게 잘 이겨냈으면 하고.　　본문 104쪽에서

▸ 나에게 진정한 우정이란?

▸ 짝꿍이 생각하는 진정한 우정이란?

1 다음을 근거로 할 때 경미의 행동으로 가장 적절한 것은?

> 경미는 친구가 별로 없고, 싫어하는 애들도 많다. 왜냐하면 경미는 너무 솔직해서 맘에 안 들거나 옳지 못한 일을 보면, 나처럼 그냥 참거나 대충 넘어가는 일이 없기 때문이다. 사실 나도 그런 경미가 나쁜 아이라고 생각하지는 않지만 그렇게 쏙 맘에 드는 건 아니다. 경미는 요즘 양파 애들한테도 미움을 사 우리 반의 왕따가 되어 가고 있었다. 아무도 경미한테 말을 거는 일이 없다. 그래도 경미는 미희의 기분을 맞추려고 다른 애들처럼 노력도 하지 않았다.
>
> 본문 45쪽에서

① 경미는 거의 모든 일을 대충 넘어간다.
② 경미는 다른 친구들에게 말을 잘 건다.
③ 경미는 양파 친구들을 보면 잘 대해 준다.
④ 미희 앞에 떨어진 미희 연필은 자진해서 주워 주지 않는다.
⑤ 수업 중에 잘못된 행동을 하는 친구들을 보아도 모른 척한다.

문·해·력·신·장·과·P·S·A·T·맛·보·기

2 다음은 "미희와 친해지고 싶다."라는 주장의 근거라고 할 수 있다. 그렇다면 "미희는 나쁜 아이이다."라는 주장의 근거로서 적절하지 <u>않은</u> 것은?

> 꼭 사귀고 싶은 친구는 있다. 미희라는 앤데 걘 커다란 두 눈이 꼭 송아지를 닮았다. 미희는 언제나 샘솟는 샘물처럼 톡톡 튀는 생각으로 우리 반 여자아이들의 유행을 만들어 간다.
> 예를 들면 운동화 신발 끈도 두 가닥을 엇갈리게 해서 양 가장자리에 특이하게 묶는다. 또 어떨 땐 가르마를 지그재그로 타고 오기도 하고, 단순한 모양의 보통 운동화에 곰 인형 같은 액세서리를 달고 나타나기도 한다. 그럼 이런 미희의 행동은 금세 우리 반 여자아이들 사이에 유행이 되어 퍼져 나간다.
> 본문 9~10쪽에서

① 연숙이가 미희한테 초콜릿 하나를 내밀었다. 수업종이 울리자 미희는 얼른 초콜릿을 입 안에 넣고, 껍질은 아무렇게나 구겨 경미 책상 밑에 발로 밀어 버렸다.

② 난 요즘 엄마한테 거짓말도 자꾸 늘어간다. 미희와 어울려 다니다 보니 돈이 많이 필요하기 때문이다. 나의 거짓말은 처음에는 학용품 값, 문제집 값을 타내는 정도였다. 근데 이젠 특별활동에 들어야 한다는 구실로 거짓말도 한다.

③ 미희는 누군가한테 밀려나는 걸 못 견뎌 하는 아이다. 선생님의 사랑도 저 혼자 다 차지하려고 무척 애쓴다. 수업 시간에 혹시 선생님께서 다른 아이를 칭찬해도 미희는 그 아이한테 삐쳐서 하루 종일 화를 내곤 했으니까.

④ "내가 먼저 줄 설 수 있었는데, 네가 먼저 앞에 섰잖아?" 내가 아무 말도 하지 않자 미희가 먼저 내게 말을 꺼냈다. 기막혔다. 사실 미희는 제일 늦게 나왔다. 정확하게 말하면 그 자리도 미희는 새치기를 해 얻은 거다. 그런데 내게 이런 말을 하다니!

⑤ "가만 안 두면 어쩔 건데?" 미희는 지지 않고 거친 말투로 내뱉었다. "미희, 너 계속 정선이 왕따시키면 너네 엄마한테 이를 거야. 그리고 인터넷에 네가 띄운 것도 선생님께 다 말할 거고." "내가 한 증거라도 있어?" 그 말에 수빈이가 눈에 힘을 주고 미희를 뚫어지게 쳐다봤다. 그러자 미희는 꺾이는 태풍처럼 수그러든 태도로 더 이상 아무 말도 안하고 뒤돌아섰다. 난 그때 수빈이가 처음으로 멋져 보였다.

양파의 왕따 일기 1 | 61

책을 내 것으로 만드는 아이들

1 정화의 다음 행동은 올바른 행동일까요? 정화의 행동에 대한 생각을 글로 써 보세요.

> "누가 돌린 거야?"
> 선생님은 쪽지를 보시곤 물으셨다.
> "제, 제가 그랬어요."
> 난 순간 미희를 위해 거짓말을 했다. 미희는 선생님께 혼나면 금방이라도 그 커다란 눈망울에 눈물이 방울방울 떨어질 것 같아 그렇게 대답한 거다. 난 수업 분위기를 망친 벌로 교실 뒤에서 손들고 십 분이나 있어야 했다.
>
> 본문 14~15쪽에서

2 학교 인터넷 홈페이지 '나도 한 마디' 란에 미희가 정선이에 대한 나쁜 말들을 올려놓았습니다. 억울한 정선이를 대신해서 반박하는 글을 써 보세요.

3 정선이처럼 심하게 왕따를 당했거나 그런 친구를 본 적이 있나요? 만약에 여러분이 왕따를 당한다면 어떻게 극복해 나갈지 해결 방법을 제시해 보세요.

4 왕따 없는 학교, 왕따 없는 교실을 만들기 위해 우리가 지켜야 할 약속이 있다면 어떤 약속들일까요? '왕따 없는 교실을 만들기 위한 세 가지 약속'을 만들고 그 이유도 함께 써 보세요.

한국인의 독서지도 교재 **로직아이 샘**

 **교재의 특징**

박우현 교수와 현장의 교사들이 함께 만든 22권의 독서지도 교재

- <u>6권의 필독서</u>를 읽고 수업하는 독서지도 교재. 자연스럽게 글쓰기 논술 실력도 늘게 하는 교재
- <u>5급 공무원 시험인 공직 적성 평가와 법학 전문 대학원 입학시험</u> 형식의 문제 수록

 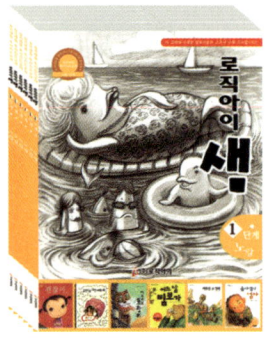  

파랑(서울시 교육감 인정 도서) (총 1~6단계) **노랑**(교과서 수록 작품) (총 1~6단계) **초록**(신간 교과서 수록 작품 중심) (총 1~6단계) **빨강**(스테디 셀러 중심) (총 1~4단계)

각 단계는 학년을 기준으로 함. (1학년은 1단계, 6학년은 6단계)
빨강 교재만 학년 중첩. (1단계는 1-2학년, 2단계는 2-3학년, 3단계는 4-5학년, 4단계는 5-6학년)

중학생을 위한 독서 논술 로직아이 수 秀 민트&퍼플

교재의 특징

① 엄선한 필독서 2·3권과 한국 근현대 문학 수록
② 다양한 토론, 요약과 정리 문제 수록
③ PSAT와 LEET형식의 문제 수록

글쓰기 논술 쓰마 & 박우현의 요약과 논술 입문&기초

1단계 - 1, 2권
글쓰기 논술 기초 교재

2단계 - 1, 2, 3권
글쓰기 논술 발전 교재

3단계 - 1, 2권
글쓰기 논술 심화 교재

I. 입문편
II. 기초편

교재의 특징

① 쓰마는 <u>과정 중심 글쓰기 논술 교재</u>
② 쓰마는 초등 1학년 부터 6학년 까지
③ 박우현의 요약과 논술은 중등 1학년 부터

---

* (주)로직아이는 독서 지도나 글쓰기 지도를 하고자 하는
학부모와 선생님들을 위한 교육사업 법인입니다.

책 속에는 꿈이 있습니다.
배우겠다는 의지만 있으면 실력은 늘기 마련입니다.

주소 서울특별시 마포구 잔다리로 120 성동빌딩 303호 (서교동) | 전화 02-747-1577 | 팩스 02-747-1599